AF240315

CATALOGUE SUCCINCT 364

DES TABLEAUX

COMPOSANT LA GALERIE

DE MESDAMES DE FRAINAYS.

Extrait de la Description Historique et raisonnée, rédigée en 1831 (*),

PAR M. LE CHEVALIER ALEX. LENOIR,

Ancien Créateur et Conservateur du Musée des Monumens français, Administrateur des Monumens de l'Eglise royale de Saint-Denis, Membre de la Société royale des Antiquaires de France et de celle de Londres, de l'Académie des Arcades; de la Société Philotechnique, etc., etc.

Dont la Vente aux Enchères

AURA LIEU HOTEL DURAS, FAUBOURG-ST.-HONORÉ, N°. 64.

Les Mardi 20, Mercredi 21, Jeudi 22 et Vendredi 23 Août 1833, heure de midi,

Par le Ministère de M°. MORISE, Commissaire-Priseur à Paris,

En présence de M. ALEXANDRE LENOIR, Auteur de la Notice Historique.

EXPOSITION PUBLIQUE

En l'Hôtel Duras, Faubourg Saint-Honoré, N°. 64, les 15, 16, 17 et 18 Août 1833, de midi à cinq heures.

SE DISTRIBUE GRATIS

Chez Mesdames DE FRAINAYS, rue de Surène, n°. 25;

Et chez M°. MORISE, Commissaire-Priseur, rue du Petit-Carreau, n°. 1.

(*) Cette Notice se vend 2 fr. chez NEPVEU, Passage des Panoramas, n°. 26, qui en a fait un Dépôt chez le Concierge de l'Hôtel Duras, Faubourg Saint-Honoré, n°. 64.

ORDRE DES VACATIONS.

PREMIÈRE VACATION.

Le Mardi 20 Août.

90.—Andaé Lucatelli, deux Paysages.
40.—Martin Fréminet, Portrait d'une jeune personne.
74.—Léonard Bramer, la Reine de Saba.
58.—Ciro-Fery, Circé et Ulysse.
27.—Jean-Baptiste Lemoine, Vénus au bain.
35.—Philippe le Napolitain, un Savetier devant sa maison.
51.—Oudert-Coq's, un Coq, des Poules et des Canards.
26.—Charles Delafosse, le Massacre des Innocens.
69.—Lorenzo Lotti, la Sainte Famille.
1.—Léonard de Vinci, Saint Jean dans le Désert.
83.—Jacques Stella et Francisque Millet, Moïse sauvé des eaux.
49.—Joseph Vernet, Tempête.
56.—Frédéric Baroche, Jésus déposé de la Croix.
25.—Sébastien Bourdon, le Terme de tout, ou la Mort.
78.—Philippe Tideman, un Philosophe donnant des leçons aux Femmes d'Athènes.
20.—Eustache Lesueur, Jésus au milieu des Docteurs.
54.—Daniel Seghers, Guirlande de Fleurs.
46.—L. Ferling, Paysage orné de figures.
75.—Philippe de Champagne, la Visitation.
31.—Bartholomé Murillo, Sainte Agnès dans sa prison.

17. — Jean Glauber et Gérard Lairesse, Diane au bain.

84. — Sébastien Bourdon, une Femme devant son rouet.

62. — Alexandre Allori, Portrait d'une Princesse de Monaco.

4. — Louis Carrache, une Bacchante.

11. — Pierre-Paul Rubens, Buste de Jésus.

39. — Michel Mirvelt, Portrait d'une Princesse de Nassau.

DEUXIÈME VACATION.

Le Mercredi 21 Août.

28. — Jean-Baptiste Lemoine, Persée délivrant Andromède.

16. — François Breydel, la Fondation de Carthage.

76. — François Solimène, le Triomphe de l'Église romaine.

89. — Claude Lorrain (attribué à), Vue d'un Port de mer.

68. — Guido Reni, Tête de la Madeleine.

73. — Gérard Seghers, Cérès cherchant Proserpine.

47. — L. Fillino, Paysage orné de figures.

50. — Joseph Vernet, Vue des environs de Naples.

21. — Eustache Lesueur, Ariane et Bacchus.

32. — Bartholomeo Murillo, un Ange tenant un lys.

7. — Cornelis Engelbrechtsen, Jésus devant Pilate.

5. — Lucas de Jordane, Tarquin et Lucrèce.

72. — Jacques Jordaens, Triomphe de Bacchus.

64. — Titien Vecelli, Tête de Vieillard.

65. — François Albane, le Jugement de Pâris.

67. — Dominiquin, Paysage historique.

22. — Sébastien Bourdon, trois jeunes Libertins.
43. — Adrien Van Velde, Vue des environs d'Amsterdam.
52. — Peters Neef, l'église de Sainte Gudule.
70. — Gaspard Netscher, la Famille de Charles Ier, roi d'Angleterre.
87. — Théodore Lubienetzky, Médecin polonais dans son cabinet.
55. — Debéen, un Déjeuner.
86. — Ribera, une Sibylle.
57. — Dominique Feti, une Fileuse.
2. — Horace Gentilescus, Sainte Thérèse dans sa cellule.
41. — Jacob Ruisdaal, Paysage.
13. — Antoine Van Dick, Susanne surprise au bain.
79. — Pierre de Hooge, Portrait de famille.

TROISIÈME VACATION.

Le Jeudi 22 Août.

88. — Pierre Patel, Paysage et ruine.
30. — Jean François Detroy, Susanne surprise au bain.
8. — Cornelis Engelbrechtsen, Jésus attaché à la colonne.
6. — Jean-Baptiste Mola, Saint Jean l'évangéliste.
33. — Bartholomeo Murillo, Vierge lisant.
85. — François Detrox, l'Alchimie personnifiée.
24. — Sébastien Bourdon, Voleurs partageant le Butin volé.
48. — Claude Gelée, Vue d'Italie.
44. — Michel Carrée, Paysage et Animaux.
60. — André Solario, Jésus tenant un roseau.
14. — Antoine Van Dyck, Buste de Saint François.
63. — Titien Vecelli, le Mariage de sainte Catherine.

18. — Nicolas Poussin, Sujet allégorique.
53. — Van Huysum, Groupe de Fleurs.
42. — Jacob Ruisdaal, Paysage.
71. — Dietrick, l'Adoration des Mages.
66. — Dominiquin, la Charité romaine.
80. — Jacob Ruisdaal, Vue des environs d'Amsterdam.
12. — Antoine Van Dyck, le Triomphe de l'Église romaine.
82. — Albert Kuyp, Vue des environs de Dort.

QUATRIÈME VACATION.

Le Vendredi 23 Août.

15 — Jean de Waal, le Jugement de Salomon.
29 — Jean-François Detroy, Loth et ses Filles.
45. — Isaac Moucheron, Vue de la Cascade de Terni.
23. — Sébastien Bourdon, Attaqué de Voleurs.
3. — Carlo Dolci, Buste représentant la Madeleine.
37. — Begyn ou Béga, Fête flamande.
61. — Horace Gentilescus, Vénus couchée sur un sopha.
36. — Jean Miel, Halte de Paysans.
19. — Nicolas Poussin, Sujet allégorique.
34. — Joseph Ribera, Saint Paul appuyé sur son épée.
38. — Albert Kuyp, Portrait d'un ministre de l'Église.
81. — Van Velde, Paysage et Animaux.
59. Andrè del Sarte, Sainte Famille.
9. — Pierre-Paul Rubens, Tomyris.
10. — Pierre-Paul Rubens, la Continence de Scipion.

CATALOGUE SUCCINCT,

PAR ORDRE DE NUMÉROS,

D'UNE COLLECTION

DE TABLEAUX

DES ÉCOLES ITALIENNE, ALLEMANDE, FLAMANDE, HOLLANDAISE, FRANÇAISE ET ESPAGNOLE,

COMPOSANT LA GALERIE

DE MESDAMES DE FRAINAYS.

———

1. — LÉONARD DE VINCI, École florentine. Saint Jean dans le Désert. Tableau sur bois. Hauteur, 2 Pieds 11 pouces; largeur, 1 Pied 11 pouces.

2. — HORACE GENTILESCUS, même École. Sainte Thérèse en extase dans sa cellule. H. 2 P. 9 p., l. 1 P. 11 p.

3. — CARLO DOLCI, même École. Buste avec des mains, tableau sur bois représentant la Madeleine. H. 1 P. 10 p. ½; l. 1 P. 6 p.

4. — LOUIS CARRACHE, École lombarde. Une Bacchante faisant danser deux enfans de Faunes. H. 4 P., l. 5 P. 4 p.

Rue du Faubourg Saint-Honoré, n° 64, hôtel de Duras.

5. — LUCAS DE JORDANE, École napolitaine. Tarquin
et Lucrèce, que l'on croit être deux portraits.
H. 4 P. 3 p., l. 5 P. 5 p.

6. — JEAN-BAPTISTE MODA, École italienne. Saint
Jean l'évangéliste écrivant l'*Apocalypse*, dans un
fond de paysage. H. 1 P. 5 p., l. 1 P. 2 p.

7 et 8. — CORNELIS ENGELBRECHTSEN, École flamande. Deux tableaux sur bois, représentant Jésus
accusé devant Pilate, et Jésus attaché à la colonne
du Prétoire et fouetté. H. 2 P. 9 p., l. 2 P.

9 et 10. — PIERRE-PAUL RUBENS, École flamande. Deux magnifiques tableaux représentant la
Cruauté de Tomyris, reine des Scythes, exercée
envers Cyrus, roi de Perse; et la Continence de
Scipion, par le même. Ces deux tableaux provien-
nent de l'ancienne galerie d'Orléans. Le n° 9 a 6 P.
3 p. de haut sur 10 P. 10 p. de large; le n° 10 a
6 P. 6 p. sur 12 P. 8 p.

11. — Par le même. Buste de Jésus attaché à la colonne, tenant à la main un roseau. H. 2 P. 3 p.,
l. 1 P. 10 p.

12. — ANTOINE VAN DYCK, même École. Le Triomphe
de l'Église romaine. H. 3 P. 8 p., l. 2 P. 9 p.

13. — Par le même. Susanne surprise au bain par
deux Vieillards. Dans ce tableau, d'un superbe coloris, Van Dyck a égalé Rubens son maître. H. 4 P.
8 p. ½, l. 3 P. 6 p.

14. — Par le même. Buste peint sur bois, avec des
mains, représentant saint François d'Assise stigma-
tisé. H. 1 P. 11 p., l. 1 P. 9 p.

15. — JEAN DE WAAL, même École. Tableau sur bois

représentant le Jugement de Salomon. H. 2 P. 6 p.,
l. 4 P.

16. — FRANÇOIS BREYDEL, même École. Tableau
riche et agréable, représentant la Fondation de
Carthage par Didon. H. 19 p., l. 14 p.

17. — JEAN GLAUBER et GÉRARD LAIRESSE, École
hollandaise. Diane au bain, figurée au milieu de
ses Nymphes, dans un fond de Paysage. Ce joli tableau, peint sur bois, à 7 p. 6 lig. de haut, sur 4 p.

18 et 19. — NICOLAS POUSSIN, École française. Deux
tableaux sur toile, représentant des sujets allégori-
ques composés dans le style et le goût des peintures
antiques (Même grandeur). Ils ont 3 P. 6 p. de
haut, sur 4 P. 8 p.

20. — EUSTACHE LESUEUR, École française. Tableau
sur bois, représentant Jésus au milieu des Docteurs. H. 3 P. 3 p., l. 2 P. 9 p.

21. — Par le même. Ariane recevant l'immortalité
des mains de Bacchus, député par Jupiter. Tableau
sur toile, de forme ronde. H. 2 P., l. 2 P.

22. — SÉBASTIEN BOURDON, même École. Trois jeunes
Libertins dans un cabaret, buvant et chantant au-
tour d'une table. H. 2 P., l. 1 P. 9 p.

23. — Par le même. Les mêmes Libertins devenus
Voleurs, figurés attaquant des Marchands voyageurs. H. 1 P. 5 p., l. 1 P. 11 p.

24. — Par le même. Les mêmes Voleurs faisant entre
eux le partage du butin volé, sont arrêtés dans un
château en ruines. H. 1 P. 5 p., l. 1 P. 11 p.

25. — Par le même. Le Terme de tout, ou la Mort
allégoriquement figurée par les Bergers d'Arcadie,

lisant sur un tombeau antique l'inscription *Et in Arcadia ego.* H. 1 P. 8 p., l. 1 P. 3 p. Ces quatre tableaux réunis forment un petit poëme moral.

26. — CHARLES DE LA FOSSE, même École. Le Massacre des Innocens. H. 3 P. 5 p., l. 4 P. 4 p.

27 et 28. — JEAN-BAPTISTE LEMOINE, même École. Vénus au bain, et Persée délivrant Andromède (Même grandeur). H. 2 P. 10 p., l. 2 P. 3 p.

29 et 30. — JEAN-FRANÇOIS DÉTROY, même École. Les Amours de Loth et ses Filles, et la chaste Susanne surprise au bain. Tous deux, de même hauteur, ont 3 P. sur 4 P. 10 p. de large.

31. — BARTHOLOMEO MURILLO, École espagnole. Sainte Agnès, dans sa prison, recevant la Couronne du martyre. H. 3 P. 1 p., l. 2 P. 4 p.

32 et 33. — Par le même. Tête d'étude représentant un Ange qui tient un lys. Autre tête d'étude d'une jeune Vierge lisant dans un livre. Ces deux tableaux réunis forment l'Annonciation de la Vierge (Même grandeur). H. 1 P. 10 p., l. 1 P. 6 p.

34. — JOSEPH RIBERA, même École. Belle tête d'étude figurant Saint Paul appuyé sur son épée. H. 2 P. 6 p., l. 1 P. 6 p.

35. — PHILIPPE LE NAPOLITAIN. Joli petit tableau représentant un Savetier de village exerçant son état devant sa maison. H. 1 P. 3 p., l. 2 P. 2 p.

36. — JEAN MIEL, École hollandaise. Une halte de Paysans voyageurs devant la porte d'un cabaret. H. 1 P. 8 p., l. 2 P. 1 p.

37. — CORNELIS BEGYN ou BÉGA, même École. Une

Fête flamahde ou *Kermesse* dans le goût d'Adrien Ostade, dont il était l'élève. H. 2 P. 8 p., l. 3 P. 4 p.

38. — Albert Kuyp, même École. Beau portrait peint sur bois, représentant un Ministre de l'Église réformée lisant ses Heures. H. 3 P. 2 p., l. 2 P. 4 p.

39. — Michel Miravelt, École flamande. Magnifique portrait sur bois d'une princesse de Nassau. H. 3 P. 1 p., l. 2 P. 3 p.

40. — Martin Freminet, École française. Portrait sur bois d'une jeune personne inconnue. H. 11 p. 6 lig., l. 8 p. 6 lig.

41 et 42. — Jacob Ruisdaal, École hollandaise. Deux paysages peints sur bois, l'un représentant l'entrée d'une forêt, et l'autre l'extrémité de cette forêt, avec animaux et figures. Ces deux magnifiques et rares tableaux sont signés par l'auteur (Même grandeur). H. 1 P. 7 p., l. 2 P. 1 p. 6 lig.

43. — Adrien Van Velde, même École. Vue prise dans les environs d'Amsterdam, représentant l'entrée d'une forêt, avec figures et animaux. H. 2 P. 2 p. sur 1 P. 10 p.

44. — Michel Carée, même École. Tableaux d'animaux; Vaches, Chèvres, Moutons, conduits par un Pâtre, et autres figures. H. 2 P. 4 p., l. 1 P. 10 p.

45. — Isaac Moucheron, même École. Charmant paysage représentant une Vue de la Cascade de Terni, dans les environs de Rome, avec de jolies figures par Karel Dujardin. H. 2 P. 8 p., l. 3 P. 4 p.

46 et 47. — L. Fieling, École allemande. Deux grands et beaux paysages, ornés de figures, et com-

posés de troupeaux de Vaches et de Moutons (Même grandeur). H. 2 P. 6 p., l. 3 P. 4 p.

48. — CLAUDE GELÉE dit LE LORRAIN, École française. Vue d'Italie prise au bord d'un lac, et représentant le Crépuscule, immédiatement après le coucher du Soleil; sur le devant du tableau, on voit le Jugement de Midas, peint par Philippe Lauri, de l'École italienne. H. 3 P., l. 3 P. 10 p.

49 et 50. — JOSEPH VERNET, même École. Vues prises dans les environs de Naples; l'une représente un gros Temps sur mer, et l'autre un Calme, avec figures (Même grandeur). H. 3 P., l. 4 P. 10 p.

51. — OUDBRT-COQ's, École hollandaise. Tableau sur bois figurant un Coq, des Poules et des Canards. H. 2 P. 5 p., l. 1 P. 4 p.

52. — PETERS NEEF, École flamande. Tableau sur bois représentant la Vue perspective de l'intérieur de l'église Sainte-Gudule, à Bruxelles; avec figures, par Téniers. Louis David, mort en exil, a été enterré dans cette église. H. 1 P. 9 p. 6 lig., l. 2 P. 3 p.

53. — VAN HUYSUM, École hollandaise. Beau et charmant tableau sur toile représentant un Groupe de Fleurs posé dans un vase d'albâtre. Ce tableau, rare et précieux par l'esprit de sa composition et la perfection du fini, est signé de son auteur à la date de 1691. H. 2 P. 4 p., l. 2 P. 2 p.

54. — DANIEL SEGHERS, connu sous le nom de *Jésuite d'Anvers*, École flamande. Précieux tableau peint sur bois, figurant une Guirlande de Fleurs qui entoure cinq médaillons ovales, représentant

des sujets pris dans la *Vie de la sainte Vierge*, peints par Van Balen, autre peintre flamand. H. 3 P. 8 p. 6 lig., l. 2 P. 11 p.

55. — JEAN-DAVID DE HÉEM, École hollandaise. Tableau sur toile d'un fini et d'une vérité extraordinaire, représentant ce qu'on appelle *un déjeuner*. Ce tableau, d'une perfection rare, se compose d'un plat d'argent contenant des huîtres; on voit un vase d'or, un autre de cristal, une brioche, deux crabes, des citrons, etc.; le tout posé sur une table qui est couverte d'un tapis bleu garni d'une frange d'or. H. 3 P. 4 p., l. 2 P.

56. — FRÉDÉRIC BAROCHE, École italienne. Tableau sur cuivre représentant Jésus-Christ déposé de la Croix, couché sur un lit mortuaire, et adoré par les Anges. Ce tableau précieux, riche par ses détails, peut être attribué à Alexandre Allori, peintre florentin, d'autres disent à l'École espagnole. H. 1 P. 4 p., l. 1 P. 3 p.

57. — DOMINIQUE FETI, École italienne. Tableau d'un coloris vigoureux représentant une Fileuse des environs de Rome avec ses Enfans, dans un fond de paysage. Ce beau tableau, avant la révolution, se voyait au Palais-Royal, galerie d'Orléans. H. 2 P. 8 p., l. 2 P. 1 p.

58. — CIRO-FERRY, même École. Circé métamorphosant les compagnons d'Ulysse en pourceaux; tableau sur cuivre. H. 2 P. 3 p. 6 lig., l. 1 P. 9 p.

59. — ANDRÉ DEL SARTE, École florentine. Superbe et magnifique tableau représentant la Vierge et l'Enfant Jésus adorés par le petit saint Jean et des

Anges. Ce tableau rare, d'un dessin et d'un faire parfait, est connu sous le nom de la *Madonna del Sacco*, à cause du sac sur lequel la Vierge s'appuie. H. 3 P. 9 p.; l. 3 P.

60. — ANDRÉ SOLAINO ou SOLARIO, même École. Rare et beau tableau sur bois, représentant un *Ecce Homo*, ou Jésus tenant un roseau et couronné d'épines. H. 1 P. 11 p., l. 1 P. 4 p.

61. — HORACE GENTILESCUS, même École. Tableau sur toile représentant Vénus couchée sur un sopha, accompagnée de l'Amour qui brise son arc. H. 2 P. 8 p., l. 4 P.

62. — ALEXANDRE ALLORI. Portrait de la Princesse Monaco. H. 2 P. 3 p., l. 1 P. 9 p. 6 lig.

63. — TITIEN VECELLI, École vénitienne. Très joli tableau représentant le Mariage de sainte Catherine. Au premier coup d'œil on pourrait l'attribuer à Paul Véronèse, mais la force du coloris et la souplesse des mouvemens de chaque figure indiquent le maître auquel on l'attribue. H. 1 P. 8 p.; l. 1 P. 7 p.

64. — Par le même. Superbe et magnifique tête de Vieillard portant une barbe blanche. H. 1 P. 8 p., l. 1 P. 3 p.

65. — FRANÇOIS ALBANE, École lombarde. Agréable tableau figurant le Jugement de Pâris, dans un fond de paysage. H. 3 P.; l. 2 P. 5 p.

66. — DOMINIQUE ZAMPIERI, dit LE DOMINIQUIN, même École. Tableau classique de la plus grande beauté et du plus beau faire de ce maître, représentant la Charité romaine. H. 4 P.; l. 3 P.

67. — Par le même. Un magnifique paysage historique dans léquel on voit saint Jean-Baptiste qui an-
nonce à ses Disciples la venue de Jésus-Christ, qui
paraît dans le fond du tableau. H. 3 P., l. 2 P.
5 p.

68. — Guido Reni, même École. Tête d'étude représentant la Madeleine. H. 1 P. 5 p., l. 1 P. 2 p.

69. — Lorenzo Lolis, même École. La Sainte Famille
fuyant en Égypte. Charmant petit tableau haut de
11 p. et large de 1 p.

70. — Gaspard Netscher, École allemande. La Famille de Charles Ir, roi d'Angleterre, tableau sur
bois d'un fini précieux, et curieux par le fait historique dont il est le sujet. H. 1 P. 1 p., l. 1 p.

71. — Christian-Wilhem Dietrick, même École.
L'Adoration des Mages; beau tableau très remarquable par son effet, peint sur bois dans la manière
de Rembrandt. H. 2 P. 2 p., l. 1 P. 9 p.

72. — Jacques Jordaens, École flamande. Belle et
agréable esquisse sur bois; elle est d'un coloris si
brillant et d'une touche si fine, qu'on pourrait l'attribuer à Rubens. H. 1 P. 1 p. 6 lig., l. 11 p.

73. — Gérard Seghers, même École. Cérès cherchant sa fille Proserpine. Les personnages de ce
tableau, peint sur cuivre, éclairés par un flambeau,
produisent un grand effet. Sa hauteur est de 1 P.
3 p., et sa largeur de 1 P.

74. — Léonard Bramer, même École. Tableau sur
bois fort remarquable par la beauté du clair-obscur,
représentant la Reine de Saba. H. 1 P. 6 p., l. 2 P.

75. — Philippe de Champagne, même École. La Visi-

tation de la Vierge ; tableau d'une composition sage et d'un faire très soigné. H. 3 P. 5 p., l. 2 P. 9 p.

76. — François Solimène, École napolitaine. Le Triomphe de l'Église romaine ; traduction de la grande et belle composition de Rubens, qui en a fait le dessin de grandeur naturelle, pour être exécuté en tapisserie. H. 2 P. 11 p., l. 4 P. 2 p.

77. — Tableau sur bois d'un auteur inconnu.

78. — Philippe Tideman, École hollandaise. Un Philosophe donnant les leçons aux Femmes et aux jeunes Filles d'Athènes. Ce tableau, d'un coloris brillant et d'un faire agréable, peut s'attribuer à Gérard Lairesse, dont Tideman fut l'élève. H. 3 P. 2 p., l. 4 P.

79. — Pierre de Hooge, même École. Ce tableau, que l'on peut comparer aux belles productions de Metzu, d'un coloris brillant et d'un fini précieux, représente le Peintre, sa Femme et ses Enfans. C'est un des plus beaux de ce maître. H. 2 P., l. 2 P. 5 p.

80. — Jacob Ruisdaal, même École. Beau et magnifique tableau véritablement classique, peint sur bois, représentant une Vue champêtre des environs d'Amsterdam, ornée de figures. Ce grand ouvrage, pur et nullement fatigué, est considéré comme l'un des chefs-d'œuvre de ce grand peintre. H. 2 P. 3 p., l. 3 P. 3 p.

81. — Van Velde, même École. Ce tableau, riche de coloris et remarquable par sa touche gracieuse et vraie, représente un Troupeau de Vaches dans un

fond de paysage, avec figures. H. 1 P. 8 p., l. 1 P. 11 p.

82. — ALBERT KUYP, même École. Ce charmant tableau, peint sur bois, représentant une Vue des environs de Dort, prise au soleil couchant, est d'un effet extraordinaire. H. 1 P. 4 p. 6 lig., l. 1 P. 1 p. 6 lig.

83. — JACQUES STELLA et FRANCISQUE MILLET, École française. Moïse sauvé des eaux; ce tableau, d'un coloris brillant et d'une composition sage, qui a de l'analogie avec celle du même sujet par Poussin, est d'un riche coloris et d'un effet piquant. Le paysage et les accessoires ont été peints par Francisque. H. 1 P. 8 p. 6 lig., l. 2 P. 3 p.

84. — SÉBASTIEN BOURDON, même École. Une Femme assise devant son rouet, et figurée dans son appartement champêtre. Ce tableau, du genre familier, d'un dessin pur, d'un coloris fin et d'un fini précieux, est un des plus remarquables de ce maître. H. 1 P. 2 p., l. 1 P. 4 p. 6 lig.

85. — FRANÇOIS DETROY. L'Alchimie personnifiée et peinte de grandeur naturelle. On croit que ce tableau allégorique, bien composé, et d'un coloris riche, représente mademoiselle Adrienne Lecouvreur, actrice célèbre, et qu'il aurait été commandé au peintre par le maréchal de Saxe, pour qui elle sacrifia sa fortune. H. 6 P. 7 p., l. 3 P. 7 p.

86. — RIBERA dit L'ESPAGNOLET, École espagnole. Une Sibylle coiffée d'une draperie. Belle tête d'étude, d'un coloris vigoureux et d'un effet piquant. H. 1 P. 7 p., l. 1 P. 3 p.

87. — Théodore Lubienetzki, École polonaise. Un Médecin polonais figuré dans son cabinet d'étude, donnant une consultation à une jeune femme: Les tableaux de ce maître sont rares. Celui-ci est d'un coloris vrai et d'un fini précieux. H. 1 P. 11 p., l. 1 P. 6 p.

88. — Pierre Patel, École française. Joli paysage orné d'une ruine d'architecture. H. 1 P. 8 p., l. 1 P.

89. — Tableau attribué à Claude Lorrain, même École. Vue d'un port de mer pris du pied d'un phare; bel effet de soleil couchant. H. 1 P. 6 p., l. 1 P. 5 p.

90. — André Lucatelli, École romaine. Deux jolis paysages d'un effet agréable, avec figures et animaux. H. 1 P., l. 11 p.

FIN.

DE L'IMPRIMERIE DE CRAPELET,
Rue de Vaugirard, n° 9.